GEORGES BERTY

VERS L'HARMONIE
Universelle

PARIS

VERS L'HARMONIE

UNIVERSELLE

DU MÊME AUTEUR

GEORGES BÉRET

—

VERS L'HARMONIE
Universelle

Le rêve ancien est mort, et le nouveau se forge.
VERHAEREN.

PARIS

ÉDITIONS des *ANNALES de la JEUNESSE LAÏQUE*

7, rue de l'Eperon (6e arr.)

—

1904

Non, la haine ne sera pas la plus forte; oui,
l'amour vaincra. Il faut le croire, parce que
l'expérience nous apprend que si la haine est
puissante pour détruire, elle est impuissante à
rien fonder; parce que l'histoire nous montre
que les seules œuvres qui aient été durables
sur terre et qui aient réellement transformé le
monde, oui, toutes — sans même en excepter
la Révolution française, dans ce qu'elle a eu de
durable et de vraiment fécond — ont été des
œuvres d'amour; parce que nous voyons bien
que les seuls hommes qui aient été doués de la
puissance créatrice, réformateurs ou inven-
teurs, ont été ceux-là seulement qui ont eu la
puissance d'aimer. Il faut le croire, enfin, parce
que c'est la Nature elle-même qui a voulu que
l'Amour seul fût principe de vie et de fécondité, et que rien ne pût exister en ce monde,
qui n'ait été conçu dans un embrassement!

CH. GIDE.

PRÉFACE

Mon cher Béret,

Vous me faites l'amitié de me demander une préface pour la conférence que vous allez offrir au grand public sous forme de brochure. J'estime qu'elle n'a pas besoin de présentation pour obtenir des lecteurs le chaleureux accueil qu'elle a reçu des auditeurs. Mais, puisque vous voulez que je sois le parrain très laïque du premier-né de vos ouvrages, je ne saurais me dérober à une fonction qui est l'ordinaire apanage des vieux amis et qui, par surcroît, se trouve être aujourd'hui pour moi un vrai plaisir.

J'ai vivement goûté, en effet, dans votre discours, le souffle oratoire qui révèle votre tempérament de méridional passionné, l'enthousiasme généreux qui met une flamme dans vos paroles, la belle ardeur qui vous jette au plus épais de la bataille des idées ; et il m'est doux de louer en vous ces fortes et vaillantes qualités de la jeunesse, pour l'amour desquelles on lui passe volontiers, le cas échéant, quelque intempérance de langage ou quelque excès d'impétuosité. Mais, ce qui me plaît surtout dans ce morceau d'éloquence juvénile, c'est qu'on n'a pas à le mettre au point ; sous la véhémence de phrases emportées d'un élan fougueux, je constate dans la pensée une mesure et une solidité qui sont les mérites coutumiers d'un âge plus mûr.

D'abord, votre idéal d'harmonie universelle, votre volonté de saper par la base et de détruire les causes de haine et de division entre les hommes, sont d'une élévation morale et d'une largeur auxquelles il convient de rendre hommage. Il est certainement de haute et sage inspiration, l'hymne que vous entonnez en l'honneur de l'étoile qui vous guide :

« O harmonie, déesse bienfaisante qui apporte aux hommes la paix de l'esprit et du cœur, qui calme en eux les désordres nés de leurs appétits tumultueux, et les angoisses de leur pensée, sois désormais la législatrice des consciences et des cités humaines. Apprends aux hommes égarés que le devoir est, non le sacrifice fait à contre-cœur à un idéal incompris, mais la recherche du bonheur, et qu'ils ne pourront trouver ce bonheur qu'en toi et par toi. Montre-leur que le but de l'esprit est de découvrir des lois toujours plus générales, des rapports toujours plus vastes, de chercher à atteindre la loi suprême qui permettra un jour à l'homme d'embrasser d'un seul regard le monde dans l'immensité de son devenir ; montre-leur que le but corrélatif de la conscience est de créer en tous les êtres une harmonie toujours plus grande ;

que l'idéal à atteindre pour l'activité humaine est de faire cesser tous les désordres, tous les conflits en nous-mêmes et autour de nous, tout ce qui, en attentant à la sereine majesté de l'homme, nous rend malheureux et mauvais ».

Mais ce n'est pas seulement dans l'idée maîtresse de votre conférence que je salue un principe juste et bienfaisant ; quand vous réclamez, au nom du principe posé, la disparition graduelle des *Eglises*, des *frontières* et des *classes sociales*, vous marquez fort bien ce qu'il faut frapper et ce qu'il faut épargner.

En proclamant la nécessité de faire cesser l'antique et odieuse séparation des membres d'une même société en exploiteurs et en exploités, en possédants et en déshérités, en travailleurs et en oisifs, vous sentez qu'il faut aussi préserver et même accroître le droit de chaque personnalité de se développer dans sa plénitude, par conséquent laisser la possibilité de se former à une élite qui sera une aristocratie naturelle et viagère remplaçant une aristocratie factice et héréditaire.

En déclarant la guerre à la guerre, en combattant le militarisme brutal et le chauvinisme haineux, en poursuivant la paix par la fédération des peuples et par l'organisation de la solidarité humaine, vous respectez comme un premier élargissement de l'égoïsme primitif et comme une promesse de fraternité plus vaste, l'amour de la patrie, un amour qui se lie étroitement à celui de l'humanité, quand cette patrie est la France, dont la tradition nationale est d'avoir un esprit international et d'identifier les droits de l'homme avec ceux de ses citoyens.

En chargeant à fond contre les religions, qui me paraissent être le principal objectif de votre assaut d'aujourd'hui, vous avez soin de dire que vous attaquez en elles de prétendues dépositaires de la vérité absolue, qui sont, par suite, des ouvrières forcées d'intolérance ; des ennemies de la libre recherche ; des faiseuses de fanatiques, d'immobilistes et de résignés ; des esclaves asservies et voulant asservir leur entourage à des hypothèses cristallisées en dogmes intangibles. Mais vous ne leur empruntez pas leur habitude de persécuter quiconque a d'autres croyances ; vous ne menacez personne dans sa liberté de conscience et de culte ; vous entendez même laisser libre carrière à ce qu'il y a d'éternel et de respectable dans le sentiment religieux.

Oui, vous savez qu'en présence de ces millions de soleils qui poudroient dans l'espace, environnés sans doute de terres habitées, analogues à la nôtre, au contact de ces myriades de microbes qui vivent et pullulent en nous et autour de nous, entre ces deux infinis qui l'enserrent et l'étreignent, l'homme est pris de vertige, de stupeur, d'admiration, parfois de terreur; qu'il se sent enveloppé de puissances inconnues et formidables; qu'il pressent, au delà de ce qu'il connaît, une multitude de choses qu'il ignore; qu'il se demande avec inquiétude ce qu'il y a derrière le voile qui lui cache à demi la nature ; qu'il s'interroge avec angoisse sur l'origine et la fin des êtres, sur la destinée des mondes et sur la sienne ; qu'il ne peut s'empêcher d'être troublé par l'énigme de l'univers et d'en chercher inlassablement le secret. Vous savez que, pour parler avec Victor Hugo,

L'homme est un point qui vole avec deux grandes ailes,
Dont l'une est la Pensée et dont l'autre est l'Amour ;

que, mystique ou savant, philosophe ou poète, il subit l'attrait de l'abîme, et se complaît à plonger dans l'immensité sans fond de l'inconnu ; que c'est là sa grandeur, sa consolation, sa plus haute faculté ; qu'on ne peut la lui ôter, et qu'on serait insensé à vouloir entraver cet appétit, ce besoin, cette fureur de savoir d'où sont nées toutes les religions et toutes les sciences aussi. Donc, vous lui reconnaissez, pleine et entière, la liberté du rêve.

Et qu'on ne voie pas là une contradiction avec la fin de non-recevoir que vous opposez aux orgueilleuses prétentions des Eglises ! Car la liberté du rêve, c'est précisément la négation du dogme, noyau dur et résistant de toute religion constituée ; c'est le refus de se laisser enchaîner à des suppositions qu'on se flatte de placer au-dessus de la critique ; c'est le droit perpétuel à l'insurrection contre tout ce qui n'est pas démontré ; c'est le dernier mot remis à la raison humaine en matière de vérité ; c'est la haute main dans ce domaine définitivement acquise et réservée à la science, qui peut seule réaliser ce qu'ont vainement tenté toutes les religions : la communion de tous les habitants du globe dans un certain nombre d'affirmations précises et incontestables.

Je ne crois pas utile d'en dire davantage, mon cher Béret. J'ai tâché de faire ressortir la portée de votre double effort pour établir l'urgence et pour fixer les limites des destructions nécessaires. Le programme que vous tracez ainsi à votre activité et à celle de votre génération est digne de susciter des dévouements. Rendre possible par l'émancipation intellectuelle la paix entre les peuples et la justice sociale, c'est à coup sûr un noble but, qu'on peut poursuivre sans craindre de perdre son temps et sa peine. Si on ne l'atteint pas dans son intégrité, on s'honore et l'on demeure plus content de soi rien que pour avoir cherché à l'atteindre.

Allez donc de l'avant, vous et vos camarades, accompagnés des vœux fervents de vos aînés. Travaillez à créer une humanité vraiment majeure, qui veuille et sache se faire à elle-même son avenir, et qui, virilement, sans peur et sans aide cherchée hors d'elle, d'expérience en expérience, s'achemine vers la lumière, vers le mieux-être, vers une morale plus pure et plus naturelle, vers le développement harmonieux des individus dans une société plus harmonieuse.

GEORGES RENARD.

Vers l'Harmonie Universelle

CONFÉRENCE

Faite à l'U. P. du X°, le 27 mai 1904

PRÉSIDÉE PAR

le Citoyen Fernand FRÉAUD

Sous les auspices de la Fédération des Jeunesses Laïques

Citoyennes et Citoyens,

C'est un symptôme caractéristique de
la fin prochaine des religions, que de les
voir combattues par ceux-mêmes qu'enfants elles ont bercés au rythme harmonieux de leurs douces cantilènes, qu'elles
ont instruits dans la poésie de leurs symboles, qu'elles ont suivi pas à pas dans
la vie, associant leurs prêtres aux joies et
aux tristesses de chacun d'entre eux
de telle sorte qu'aucun d'eux ne pût
songer à prendre une décision im-
portante, sans chercher à ses côtés celui
que Dieu a chargé de sentir, de penser, de vouloir pour toutes ses créatures. Ce sont ceux-là mêmes qui de-

vraient, de ce fait, vénérer par dessus tout une foi devenue en quelque sorte le meilleur d'eux-mêmes, dont ils ont pu apprécier la grandeur, la beauté et l'effi-cacité morale; ce sont ceux-là qui, les premiers, lèvent l'étendard de la révolte, qui convient leurs coreligionnaires à faire le geste libérateur, à venir vivre avec eux la pleine vie de la pensée libre, de la vie libre, à s'élancer comme eux, dussent-ils laisser de leur chair aux ronces du chemin, vers les sommets escarpés que baigne la lumière aux reflets changeants des vérités humaines (*Applaudissements.*)

C'est parmi ceux qu'elle a élevés, qu'elle a nourris du suc puissant de ses vérités, que chaque Eglise trouve ses ennemis les plus redoutables. Et ce ne sont plus des cas isolés, des enfants terribles, perdus d'orgueil, qui, ayant rencontré un jour Satan sur leur chemin, ont été séduits par la flamme qui brillait dans les yeux de ce superbe révolté. Ce n'est plus, comme au siècle dernier, une élite frivole et corrompue qui s'éloigne de l'Eglise et se rit de ses dogmes. C'est le peuple tout entier en ses couches les plus profondes, c'est par milliers et par milliers que la masse, les pauvres, les déshérités, comprenant enfin qu'ils ne sont que des dupes et des instruments, s'évadent des Eglises où, dans leur haine de la vie meurtrière, ils allaient chercher un avant-goût de la paix de la tombe, et où ils n'ont trouvé que mensonges, cupidité, désir insatiable de domination. Chose grave, ils en sortent, non l'injure ou le blasphème aux lèvres, mais avec une claire compréhension de la réalité, avec la ferme résolution de venir un jour en forces se ruer contre cette Eglise, qui leur était longtemps apparue, dans l'âpre désert de notre société où les hommes, à l'exemple des bêtes fauves, se ruent les uns contre les autres, comme une oasis de paix, une oasis aux verts feuillages, avec le murmure de ses cantiques aussi doux que celui des sources limpides, et qui n'est, ils s'en rendent compte aujourd'hui, que l'obstacle principal, qui barre la route à la Révolution en marche (*Applaudissements.*) —

Et ce qui constitue l'originalité propre de ce mouvement, c'est que le peuple ne quitte pas une Eglise pour entrer dans une autre ; c'est qu'il ne va pas, comme jadis, du paganisme au christianisme, du catholicisme au protestantisme, c'est que ce n'est pas pour se jeter aux pieds de nouveaux autels, qu'il brûle les idoles vermoulues d'hier. Eternelle mineure, assoiffée de mystère et de troublante poésie, à mesure que l'évolution de sa conscience lui faisait rejeter les dogmes d'hier, lui faisait paraître Odin barbare et Jéhovah cruel, l'humanité ne reniait la foi qui avait été celle de ses pères, que pour embrasser une foi nouvelle, plus pure, plus noble, lui semblait-il. Et devant l'auréole de gloire des martyrs, offrant en sacrifice leur vie, le sourire aux lèvres, pour le triomphe de cette foi, les peuples oubliaient les crimes d'hier, les bûchers, les sacrifices sanglants, la guerre religieuse déchaînée, pour s'abandonner une fois de plus à leur éternel rêve de justice et de fraternité. Une fois de plus, à la voix des prophètes, l'affranchi courbé sur son sillon, l'esclave tournant péniblement la meule sous les coups de fouet du maître, la prostituée rêvant d'amour sous l'étreinte brutale du mâle qu'elle subit, la plèbe grouillante des faubourgs, tous les déshérités de la vie, se prenaient à lever leurs regards vers le ciel, à y chercher, réalisé, le rêve dans lequel ils se réfugiaient avec plus d'ardeur, à mesure que redoublaient les coups iniques du destin. Et tous s'élançaient à la suite des hommes inspirés, qui prédisaient un avenir meilleur, plus juste, la fin de la société inique et corrompue, faite de misères et de douleurs, l'avènement prochain d'un royaume, où l'homme serait frère de l'homme, et tous les hommes fils de Dieu.

Et les Vikings barbares renonçaient aux délices du Walhalla, à la joie sauvage de boire l'hydromel dans le crâne de l'ennemi mort, pour s'incliner devant la majesté du « dieu blanc »; et huit siècles plus tard, lorsque les fruits nés de ce germe empoisonné apparurent dans toute leur horreur aux hommes, lorsque la cruauté, la luxure, la simonie de ses prêtres écartèrent le peuple de cette étrange religion d'amour, c'est à peine si quelques hommes comprirent que l'homme ne pourrait trouver de bonheur que dans la complète maîtrise de lui-même, tandis que les masses, incapables de se rendre compte que l'homme est une fin en lui-même, fondaient, à la suite de nouveaux prophètes, une nouvelle religion, dont Calvin attestait aussitôt la vie par de nouveaux crimes. (*Applaudissements.*)

Ce qui caractérise donc dans le passé les mouvements religieux, c'est qu'ils furent seulement des changements de croyance, des révolutions s'appuyant sur les vaincus de la mêlée sociale pour renverser l'ordre établi et pour lui substituer un ordre nouveau, aussi cruel, aussi inique, parce que l'abdication de l'homme par lui-même entre les mains de puissances supérieures en étaient la base et le principe. Croire, obéir, tel fut, tel est, en effet, le mot d'ordre de toutes les religions, anciennes ou nouvelles. (*Vifs applaudissements*).

Aujourd'hui, au contraire, ce n'est plus de telle ou de telle Eglise, mais de la religion elle-même que le peuple se détache ; ce n'est point l'Eglise catholique qui, par suite de son attitude antidémocratique, se voit abandonnée des masses dont la soumission aveugle fit longtemps sa force. C'est la croyance religieuse elle-même qui s'efface peu à peu du cœur humain.

— Il semble que l'humanité soit lasse de

s'en remettre à la parole des prêtres de ce qu'elle doit penser ou faire, et qu'elle veuille penser, agir par elle-même. Croire ou savoir, c'est bien en ces termes que se pose la question. Le peuple veut savoir; cette intelligence que l'Eglise, par une inconséquence qui dénonce ses terreurs, déclare à la fois impuissante et satanique, il veut l'exercer comme un moyen d'action sur les choses, et aussi comme règle de conduite. Toute autorité qui se présente à lui, doit montrer ses titres à s'exercer; il ne peut plus être question de croire et d'obéir aveuglément. Ce n'est plus seulement arux dogmes, c'est à l'ordre de choses actuel, que l'homme moderne étend ses investigations. C'est Satan, autrement dit l'orgueil humain, qui triomphe. L'homme déclare qu'il est une fin en lui-même; que son devoir est non de se sacrifier, non de se soumettre, non d'obéir, mais d'exalter sa personnalité, de cultiver son intelligence, d'apprendre à vouloir et à agir par lui-même, pour se préparer ensuite à agir sur la société, sur les choses qui l'entourent, sur le milieu dans lequel il vit.

Cette foi de l'homme en lui-même ne date pas d'aujourd'hui. C'est celle de tous les grands penseurs, de tous ceux qui, se dressant en face du monde qui les écrasait de son immensité, essayèrent de lui arracher quelques-uns de ses secrets et de le dominer à leur tour de toute la hauteur de leur intelligence. Cette foi même fut celle de quelques élites; c'est elle, Renan nous le montre dans son beau livre sur Marc-Aurèle, qui anima la société cultivée du iv⁰ siècle, où nous trouvons, dans les actes individuels et dans les actes législatifs, des marques non équivoques de cette maîtrise de l'homme sur lui-même, de cette foi en la raison humaine, chère aux adeptes de la philosophie stoïcienne. Et si cette société disparut sous les coups des barbares, sous l'assaut du christianisme, c'est qu'elle ne comprit pas que l'intérêt de chacun est solidaire de l'intérêt de tous, et qu'une société est bien près de disparaître qui, à côté d'une élite restreinte, à laquelle sont réservées toutes les richesses intellectuelles et matérielles, toutes les joies de l'esprit et des sens, laisse subsister une masse immense de déshérités, dont le nombre assure leur victoire pour demain, et dont le triomphe, par suite de leurs ignorances et de leurs haines stupides, sera le signal d'un recul de la civilisation dans le monde (*Longs applaudissements.*)

Ce fut cette foi aussi qui anima les humanistes de la Renaissance, les écrivains du xviii⁰ siècle, les hommes de la Révolution. Et si la Révolution échoua, si elle aboutit aux horreurs de la Terreur et au despotisme sanglant d'un Bonaparte, comme la deuxième République devait aboutir cinquante ans plus tard aux massacres de Juin et au crime du Deux-Décembre, si la haute et noble flamme qui jaillissait de la pensée d'un Condorcet put vaciller et s'éteindre sous les souffles impurs qui montaient d'une plèbe sanguinaire, c'est que cette foi, en effet, ne fut que la foi d'une élite, et que les volontaires magnifiques de 93 ne surent pas pourquoi ils mouraient. (*Applaudissements.*)

Et si, à l'heure actuelle, nous avons foi en l'avenir, en un avenir immédiat et certain, si nous ne craignons pas que de nos luttes passionnées et des froissements inévitables du combat puisse renaître un jour le spectre de la démagogie césarienne, c'est que cette foi n'est plus aujourd'hui la foi d'une élite, c'est qu'elle gagne de plus en plus les masses populaires, c'est que la République comprend que son premier devoir est de porter l'éducation du peuple à son niveau le plus élevé. (*Applaudissements.*)

Cette éducation, que sera-t-elle ? S'agit-il seulement de prolonger au-delà de l'école l'œuvre de l'instituteur, et d'ajouter aux rudiments primaires quelques vagues notions des problèmes politiques les plus pressants de l'heure actuelle, de faire, comme nous le reprochent certains esthètes, des esprits étroits, des jacobins dogmatiques, intolérants, en qui l'étude approfondie des manuels d'instruction civique aurait obscurci quelque peu le sens du relatif, le sentiment des nuances ? Et s'il est vrai qu'en somme ce soit M. Homais qui ait raison, est-ce par cette foi un peu courte et naïve en de vaines abstractions, que nous voulons remplacer dans le cœur de l'homme la foi religieuse ?

Tel serait notre dessein, à en croire les critiques plutôt acerbes de quelques-uns de nos plus illustres académiciens, qui n'ont pas assez de railleries et de pitié méprisante pour ces savetiers qui s'essayent à la métaphysique, pour la naïveté emphatique, agaçante, avec laquelle ils prononcent ces grands mots de : Justice, Science, Progrès, qu'ils vénèrent sans en comprendre le sens, comme autrefois ils vénéraient les mystères et accomplissaient les rites, sans en comprendre la signification profonde ni la vérité éternelle. Et les théoriciens de « *l'Etape* », et les dilettantes anarchistes de jadis, effrayés, comme d'un sacrilège, de ces efforts passionnés et touchants, en leur maladresse même, vers des clartés plus larges, plus hautes, nous montrent dans nos universités populaires ces ouvriers, ces paysans, répétant sans les avoir quelquefois suffisamment approfondies, les formules de Karl Marx, de Proud'hon, applaudissant aux

logiques les plus simplistes, aux comparaisons les plus superficielles ; et triomphants, nos mandarins intellectuels nous
crient : « Voilà votre œuvre ! C'est à cela,
c'est à cette décision de la vraie culture
intellectuelle, de l'art, de la science, de la
pensée, qu'aboutissent vos chimères de
laïcisation, d'instruction universelle.
Vous qui vous réclamez sans cesse de
la Science, conformez-vous donc à ses
lois ; donnez à ces intelligences frustes,
à ces cerveaux primitifs, les rudiments
qui leur sont nécessaires, qui facilitent
les relations sociales, et remettez-vous-
en à la religion du soin de les guider, de
leur donner, non une indépendance matérielle et morale dont ils ne pourraient
se servir qu'à leur détriment et au détriment de la société, mais des règles de
conduite simples et nettes. Seules, ces
règles, sous l'influence de la crainte, ou
par l'espérance de récompenses éternelles, pourront leur faire accomplir
ces actes de dévouement, ces sacrifices

indispensables au maintien de toute société, et que serait impuissante à leur faire accomplir, la conscience d'une dignité, d'une fraternité humaine qu'ils ne trouvent en eux ni autour d'eux ? »

Disons-le franchement : « Plutôt que d'accepter cette thèse, mieux vaudrait revenir franchement en arrière. Et, s'il est vrai que la société civile ne contient pas en elle des vérités assez hautes et assez facilement accessibles pour servir d'aliment moral aux masses, plutôt que de nous débattre dans l'incertitude et l'équivoque, mieux vaudrait renoncer à une République qui, pour n'être pas fondée sur l'adhésion consciente des citoyens qui la composent, ne pourrait être qu'une façade, un régime de transition et d'anarchie, propre seulement à assurer les jouissances et la domination de ceux que leur fortune ou leur intelligence met au-dessus des règles édictées pour la vile multitude. (*Vive approbation.*)

Heureusement, il n'en est rien. La cause de la République est unie à celle de la pensée libre. L'homme libre dans la société libre, telle est sa devise. La vie de l'individu, pas plus que celle de la nation, ne peut subir d'autorité qui n'aurait à s'exercer d'autre titre que sa propre existence. Pour être vraiment libre, l'homme doit trouver en lui des raisons profondes d'agir, des déterminations qui lui soient dictées, non par des influences étrangères, mais par sa conscience. Il doit vivre d'une vie intérieure, de la vie de la pensée. Fragment du souverain, le citoyen d'une République fondée sur la souveraineté nationale doit être capable d'exercer sa part de souveraineté, dans son intérêt et dans l'intérêt de tous. Le premier devoir, la condition même de la République, est de porter à son plus haut degré l'éducation populaire. Assurer à ses enfants une nourriture morale et intellectuelle, c'est assurer son droit à l'existence.

Et voilà pourquoi l'éducation qu'elle donnera au peuple sera intégrale et universelle, c'est-à-dire qu'étendue à tous, sans aucune exception, cette éducation devra, non se limiter aux connaissances les plus élémentaires, mais au contraire aborder de front les problèmes les plus ardus et les plus complexes, qui touchent à la vie de l'homme et à la marche des sociétés.

Ne l'oublions pas : l'éducation que la République doit à l'homme a pour but de lui permettre de se guider dans sa vie privée et publique, sans avoir recours aux lumières de la révélation. L'instruction populaire laïque devra répondre, elle aussi, au *Pourquoi* initial. En face des solutions imposées par l'Eglise, elle devra proposer les solutions nées des progrès de la science humaine : évolution et création; progrès indéfini de l'Humanité, dogme du péché originel; discipline d'autorité et de contrainte aboutissant à la révolte hypocrite de la nature, opposée au développement libre et harmonieux des facultés humaines ; théocratie et démocratie ; justice et charité ; il faudra qu'ainsi se dressent, devant l'esprit attentif des masses, en face des dogmes de l'Eglise, notre explication totale de l'univers, de la vie et des êtres, comme en face des nefs obscures où se murmurent les chants d'agonie de l'humanité repentante et humiliée, retentit l'harmonie colossale et profonde de l'œuvre de vie, de la Vie éternelle, poursuivant sous le murmure caressant des vagues, comme sous le fracas des tempêtes, sa continuelle création de formes toujours plus nobles, toujours plus belles. (*Longs applaudissements.*)

En donnant ainsi à l'homme le sens de la dignité humaine, de la solidarité qui unit tous les êtres, en lui montrant la création ininterrompue aboutissant à la conscience, qui est sa plus haute expression, comme l'arbre aboutit à la

fleur, en le mettant à même de comprendre dé quelle œuvre sublime il est
le collaborateur mystérieux et nécessaire, l'éducation populaire nous donnera, non les esclaves muets et résignés,
dont la soumission était nécessaire à la
grandeur des sanglantes théocraties,
mais les hommes fiers, libres, les
citoyens conscients, dont l'avenir a
besoin, pour la réalisation des virtualités
meilleures qu'il porte en lui. (*Vifs applaudissements.*)

Et s'il est vrai que la signification profonde de notre époque est la lutte sans
merci engagée entre, d'une part, l'Humanité qui veut être libre, la pensée qui
s'élève, la conscience qui se révolte, la
volonté qui s'affirme, de l'autre, les
contraintes extérieures, les forces de
servitude, celles qui ont osé dire à la
volonté : courbe-toi ! à l'orgueilleuse
raison : abêtis-toi ! et dont la puissance,
fondée sur l'abdication de la personnalité humaine, doit disparaître le jour

où l'homme redeviendra son propre maître, la certitude de la victoire de demain ne doit pas nous faire méconnaître les forces formidables dont dispose l'adversaire. Puisque sa profonde psychologie, sa connaissance exacte de l'homme, avec tout ce qu'il y a en lui de sublime et de bas, sont la raison de sa force, n'hésitons donc pas à nous servir de sa tactique, dans la mesure où elle ne porte pas atteinte à la dignité humaine. Nous savons, pour l'avoir appris de l'Eglise, que l'homme isolé est une proie facile. Pour le préserver, tout jeune, de l'implacable réseau qui lui enlèvera peu à peu jusqu'à la conscience même de la liberté, nous l'accueillerons, enfant, dans les jeux joyeux et bruyants de nos *Amicales*. A l'âge de l'adolescence, au moment où les forces de vie qu'il sentira bouillonner en lui le porteront à se passionner pour des causes qui dépassent l'horizon limité de la vie individuelle, il trouvera dans nos *Cercles laïques* un aliment à son généreux enthousiasme, il connaîtra la joie de l'initié antique, descendant pour la première fois au Forum, revêtu de la toge virile, du jeune chevalier rêvant, dans sa retraite, de justes causes à faire triompher par la vaillance de son bras. Et plus tard, devenu homme, lorsque le lourd fardeau de la vie à gagner pour soi et les siens aura quelque peu mûri son jugement, sans rien lui enlever de son ardent enthousiasme, il trouvera dans la *Maison du Peuple* une continuation du foyer familial, où, dans la joie et la fraternité vivante, il pourra continuer à s'instruire, à se grandir à ses propres yeux par l'étude, par le sentiment chaque jour plus profond qu'il acquerra, de la fécondité de son effort (*Applaudissements.*)

Ainsi, dans le cœur de chaque citoyen de notre libre République, par le développement de la vie intérieure, s'élaborera une foi nouvelle, un idéal nouveau, qui fera consister le devoir, non dans la soumission, non dans l'abdication de ce qu'il y en a en nous de plus noble, de plus élevé, mais, au contraire, dans l'exaltation de toutes les énergies humaines. Et peu à peu, avec les fantômes, avec les brumes du passé, se dissiperont les malentendus, les équivoques qui ont si longtemps retardé l'évolution morale de l'Humanité. Au clair soleil de la raison humaine viendront se fondre et s'amalgamer, comme en un creuset, les éléments qui avaient paru jusqu'ici irréductibles, et dans l'infini du rêve comme dans la réalité quotidienne, dans la spéculation comme dans l'action, nous verrons se concilier les antinomies que jusqu'ici la conscience humaine, sous l'influence des préjugés religieux, avait en vain essayé de résoudre. Par la compréhension de la solidarité intime qui unit tous les êtres, qui fait peser sur nous le poids du crime du malheureux que nous avons refusé de secourir, nous cesserons d'opposer nos intérêts propres et les intérêts de la société; et sous l'influence de cette vérité désormais reconnue que notre bonheur est fait du bonheur des autres, et que le bonheur des autres a besoin de notre propre bonheur, nous verrons se fondre en un même élan de fraternité les égoïsmes qui, hier, se heurtaient, nous verrons les combattants qui, hier, s'entr'égorgeaient, se réunir en une immense armée, et employer à la lutte nécessaire, à la lutte pour la conquête de la nature, à la lutte contre la misère, contre le mal, les énergies qu'ils employaient follement à se déchirer. (*Vifs applaudissements.*)

Dans la vie morale de chaque homme, comme dans la vie sociale, l'harmonie règnera enfin, la radieuse harmonie née du jour où les hommes ont su, où ils ont aimé, où ils ont voulu, et le mysticisme, et l'ascétisme ayant disparu avec le sentiment religieux, le bien, le devoir, la vertu, le sacrifice n'apparaîtront plus aux hommes comme choses tristes et dures, qu'on ne peut accomplir qu'en violentant la nature, mais, au contraire, comme la chose naturelle entre toutes, voulue par la nature, voulue par la vie, qui ne peut être la vie qu'à condition de se répandre et de créer. Ce n'est plus avec un visage soucieux, avec l'empreinte de la douleur sur leurs traits, que les hommes s'élanceront, par les ravins semés d'obstacles et d'embûches, à l'accomplissement de ce qui est leur devoir même d'hommes : la conquête de la vérité, la réalisation de la justice ; mais au contraire par ces chemins fleuris dont Montaigne et le bon Rabelais avaient déjà respiré l'enivrante senteur ; et le but à atteindre ne sera pas la lutte continuelle contre nous-mêmes, la lutte contre le pourceau ou le gorille lubrique que tout homme porte, paraît-il, en lui, mais, au contraire, l'exaltation de toutes les énergies humaines, qui ne peuvent arriver à leur maximum d'intensité que par l'action désintéressée et féconde pour la réalisation d'un idéal qui nous dépasse et nous grandit. (*Applaudisse-ments.*)

Utopie ! Utopie ! diront les sages. Utopie, qui n'a même pas le mérite d'être nouvelle. Utopie d'hier comme de demain qui, pour être naïve et grossière, n'en est pas moins dangereuse ! Nous connaissons cette thèse de l'homme bon, des énergies humaines sacrées, qu'il s'agit non de réprimer, non de dompter, mais d'exalter au contraire, et nous savons combien terrible fut le réveil, sous le couperet de la guillotine, pour tous les idéologues du siècle dernier qui, sur la foi de Rousseau, avaient chanté des cantiques en l'honneur de l'homme-Dieu, et qui essayaient encore de découvrir quelque lueur de raison, de conscience, l'expression de quelque sentiment humain, dans le regard féroce des sans-culottes et des tricoteuses, chantant et dansant, ivres de vin et de sang, autour de la charrette qui apportait à la plèbe féroce son contingent de victimes. (*Sensation.*)

Et ainsi, le problème qui domine de toute sa grandeur les luttes et les déchirements de l'heure actuelle apparaît nettement à tous les esprits. A cette époque de crise où éclatent les cadres trop étroits qui avaient longtemps contenu l'évolution intellectuelle, morale et économique de l'humanité; aujourd'hui, comme il y a vingt siècles, en face des jeunes générations, deux doctrines se dressent, entre lesquelles il faut choisir.

D'un côté, les grossières superstitions des peuplades fanatiques, ignorantes et cruelles de l'Orient : la foi dans un au-delà mystérieux et terrible, la puissance divine conçue à l'image des despotes asiatiques, cruelle et injuste, se réjouissant à l'odeur du sang versé, les cités célestes, nées du rêve maladif d'esprits ignorants et inquiets, écrasant de leur masse les cités humaines dédaignées, le mépris de la vie érigé en dogme, l'homme conçu comme le jouet d'une volonté arbitraire toute-puissante, dont la cruauté ne peut trouver sa justification que dans la corruption innée de la nature humaine.

Sous les sombres couleurs de cette doctrine de mort, comme sous les sombres reflets des bûchers de l'Inquisitions c'est une atmosphère de terreur qui plane sur la création tout entière. L'homme mauvais, jouet de puissances mauvaises et hostiles, ne trouvant dans sa nature corrompue ni force ni confiance, erre lamentablement de la naissance à la mort, du berceau à la tombe, sans avoir connu la joie de vivre, ni la beauté de l'effort. Et les fleurs qui naissent de ses rêves ont ce parfum pénétrant et morbide des fleurs poussées sur les tombeaux.

De l'autre, la loi telle qu'elle pouvait naître du cœur d'un peuple libre, harmonieux et heureux. La nature, peuplée, par l'imagination d'un peuple artiste, de dieux cléments et souriants, comme les forces de la nature qu'ils incarnent. L'amour de la vie, vécue dans toute sa plénitude et son intensité, l'amour de la beauté, la recherche de tout ce qui peut rendre la vie plus noble, plus attrayante. Le devoir de l'homme n'est plus de chercher à apaiser la colère d'un Dieu éternellement irrité, mais de travailler à son propre bonheur. Et malgré l'inexorable destin qui parfois s'acharne sur de malheureuses victimes, c'est le culte de la vie, la foi en l'effort humain qui se dégagent de cette doctrine. Non, l'homme n'est point mauvais, la nature n'est point corrompue. Le Dieu

Qui fait traîner le chant des pleurs sur son chemin

n'est point passé par les sentiers où les asphodèles ivres de rosée, les cigales affolées de leur chant, les nymphes à la danse harmonieuse, les faunes couronnés de pampre, tout dit la joie de vivre et d'aimer.

Et lorsqu'il se trouve un esprit supérieur pour systématiser les idées de ce peuple qui, dans la nuit des temps passés, laisse une traînée lumineuse dont les temples comme les œuvres dressent par delà les siècles leurs frontons impérissables sur notre triste humanité, c'est une parole sublime de sagesse et de foi humaine, qui s'échappe des lèvres de Socrate. Oui, aux yeux de ce sage, mis à mort par les insensés qui ne reconnaissaient pas en sa parole inspirée le meilleur d'eux-mêmes, l'homme est bon et la science souveraine. Celui qui fait le mal, celui qui est malheureux, c'est celui qui ne sait pas. Mais lorsqu'il sait, lorsque ses yeux se sont ouverts à la lumière de la vraie vie, lorsque, étant rentré en lui-même, il a découvert cette source infinie de noblesse et de pureté qu'est la conscience humaine, il lui est désormais impossible de faire le mal, de résister au désir qu'éveillent en lui les forces divines, contre lesquelles il n'a péché que parce qu'il ne les connaissait pas.

Et ainsi, par delà vingt siècles de barbarie, par delà la nuit du moyen âge, notre pensée va rejoindre la pensée de ces sages. Oui, à la base de notre idéal, comme à la base de l'idéal chrétien, il y a un acte de foi. Mais cet acte de foi n'est pas le stupide renoncement de l'être à lui-même, la honteuse abdication de notre conscience, de notre raison, la soumission de cette pensée qui fait notre grandeur. L'acte de foi que nous formulons en nous affirmant antichrétiens, c'est celui que prononce tout ce qui, existant dans la nature, à tous les degrés de la création, affirme sa volonté de vivre.

L'acte de foi qui, au lieu de nous diviser en sectes ennemies, nous fait tous membres de la grande communion humaine, c'est l'effort de la tige vers la lumière, dont la chaleur fera éclore la fleur, c'est le premier vagissement du nouveau-né, c'est le recul effaré du désespéré devant le néant; c'est l'affirmation, consciente ou inconsciente, que la vie vaut la peine d'être vécue. Et c'est l'affirmation aussi que tout ce qui est beau, que tout ce qui est noble, exerce sur la nature humaine une si irrésistible séduction, que l'homme qui a été touché de ces clartés ne peut plus vivre dans la nuit du mensonge, que l'homme qui a vu se dérouler, du haut des sommets de la pensée libre, le grandiose cortège de l'évolution humaine, ne peut plus vivre la vie mesquine de l'égoïsme, dans les sombres fourrés aux ronces desquels viennent se déchirer les cœurs humains. (*Longs applaudissements.*)

Oui, nous croyons, sinon que l'homme

est bon, du moins qu'il n'est pas irrémédiablement corrompu, et qu'il peut
devenir meilleur. L'homme égoïste,
c'est celui qui n'a pas connu la joie du
sacrifice, celui que son manque de culture ou de cœur rend incapable de comprendre cette joie. Le débauché, c'est
celui qui n'a jamais connu la joie infinie de l'amour vrai; l'homme qui fait
tenir toute la joie d'aimer dans des ca-
resses mercenaires, c'est celui qui n'a
jamais connu l'ivresse de l'abandon, la
communion intime de deux cœurs.
L'homme violent et cruel, c'est celui qui
ne sait pas que la violence et la terreur
ne peuvent faire naître que les soumis-
sions hypocrites et menteuses, sans len-
demain.

Le révolté des faubourgs, qui massacre
et incendie, ne sait pas que ces massacres et ces incendies sont l'ivraie folle
qui étouffera demain la semence sacrée,
née du sang des martyrs; le communard
qui, en un vertige de folie, brûle les

bibliothèques, c'est celui qui ne sait pas, qui ne connaît pas le prix du trésor qu'il anéantit, plus précieux pour sa cause que toutes les révoltes et tous les sacrifices. L'homme qui tue, c'est celui qui ne sait pas le prix infini de la vie humaine, parce qu'il n'a jamais connu les joies enfermées en elle; l'homme qui se dégrade, c'est celui qui ne sait pas, celui qui peut attenter à la fierté humaine, parce que ni sa pensée, ni sa conscience ne lui ont affirmé sa propre fierté (*Vifs applaudissements*).

Et par là, apparaît clairement, en même temps que l'inanité de certaines accusations, le sens profond de notre action d'éducation politique. Nous ne sommes pas des sectaires, mais, au contraire, des ennemis déclarés de la haine ; l'œuvre à laquelle nous travaillons, est une œuvre d'harmonie et d'amour.

Oui, nous plaignons l'homme qui, enfermé dans le cercle étroit de ses appétits et de ses désirs, n'aura jamais connu ce qui fait la grandeur et le prix de la vie : la joie du sacrifice, l'ivresse de la pensée, le don total de l'être à l'idéal qui le grandit.

Oui, nous plaignons le sectaire haineux, dont la pensée est mesquine comme la vie, qui ne comprend pas la grandeur des doctrines qu'il combat, ni la valeur morale de ses adversaires. Oui, nous croyons que la haine est mauvaise, non seulement parce qu'on ne peut rien fonder de durable sur elle, non seulement parce qu'elle est injuste, mais parce qu'elle fausse notre pensée comme notre action.

Oui, la science est bien pour nous la *Nouvelle Idole*, parce qu'elle est non seulement la libératrice, mais aussi la rédemptrice.

C'est elle qui a fait de l'homme le roi de la création, c'est elle qui l'a libéré des forces mauvaises de l'ignorance et de la peur, c'est elle qui a fait s'évanouir à sa clarté les fantômes qui lui cachaient l'infini des espaces et des temps.

Mais elle eût mérité les anathèmes des cœurs altérés d'idéal, si elle eût seulement donné à l'homme une confiance exagérée en ses propres forces, et si elle eût dressé les hommes en face les uns des autres, comme des rivaux orgueilleux, ne voyant dans la vie qu'une lutte incessante, où chacun doit suivre sa route, sans souci des existences piétinées, sans souci des vies broyées par une activité meurtrière, qu'un combat, où le droit du plus fort est la suprême loi. Et, certes, nous sommes moins reconnaissants à la science de nous avoir fait les maîtres de la nature, que de nous avoir montré dans cette nature même le règne et le triomphe de l'universelle loi de solidarité.

Nous lui sommes reconnaissants, plus encore, que de nous avoir donné le sentiment de notre force, de nous avoir appris que le développement de cette activité n'était pas le but suprême, que la noblesse de l'homme était de comprendre l'idéal mystérieux vers la réalisation duquel marche le monde, d'y conformer sa vie et d'y collaborer dans la mesure de son modeste effort.

Oui, nous adorons la science, parce qu'elle est non seulement clarté et lumière, mais aussi harmonie, parce qu'elle nous a montré la vérité éternelle du rêve que, dans la majestueuse beauté de l'Acropole, poursuivait du clair regard de ses yeux pairs la déesse Athéna, parce qu'elle n'a menti à aucune de nos espérances, parce qu'elle nous a révélé sinon l'énigme suprême du monde, du moins le principe auquel nous devons conformer notre vie. Cette loi morale, que l'humanité avait cru trouver gravée, de façon impérissable, sur les tables d'airain que Moïse lui présentait, resplendissant, à la descente du Sinaï, c'est à la science que nous la devons.

O harmonie, déesse bienfaisante qui

apportes aux hommes la paix de l'esprit et du cœur, qui calmes en eux les désordres nés de leurs appétits tumultueux, et les angoisses de leur pensée, sois désormais la législatrice des consciences et des cités humaines. Apprends aux hommes égarés que le devoir est, non le sacrifice fait à contre-cœur à un idéal incompris, mais la recherche du bonheur, et qu'ils ne pourront trouver ce bonheur qu'en toi et par toi. Montre-leur que le but de l'esprit est de découvrir des lois toujours plus générales, des rapports toujours plus vastes, de chercher à atteindre la loi suprême qui permettra un jour à l'homme d'embrasser d'un seul regard le monde dans l'immensité de son devenir ; montre-leur que le but corrélatif de la conscience est de créer entre tous les êtres une fraternité toujours plus grande ; que l'idéal à atteindre pour l'activité humaine est de faire cesser tous les désordres, tous les conflits en nous-mêmes et autour de nous, tout

ce qui, en attentant à la sereine majesté
de l'homme, nous rend malheureux et
mauvais (*Acclamations.*)

Cette harmonie, nous devons d'abord
la créer en nous-mêmes en développant
nos facultés le plus possible, mais
de telle sorte que jamais ne soit rompu
l'équilibre qui constitue notre santé
morale, que notre vie sentimentale, par
exemple, ne l'emporte sur notre vie
intellectuelle, ou que le développement exagéré de notre esprit critique
ne puisse diminuer et anéantir presque
notre puissance d'action. Et, bien en-
tendu, cette harmonie ne pourra s'établir que si nous subordonnons, d'une
façon continuelle, la partie inférieure de
nous-mêmes, celle qui se laisse guider
par les appétits et les instincts les plus
grossiers, à la partie supérieure, à cette
pensée qui fait non seulement notre
force, mais aussi notre noblesse et notre
grandeur.

Mais, me rappelant que je parle ici

dans une réunion politique, je ne m'étendrai pas longuement sur ce sujet, qui concerne la morale individuelle et qui serait à sa place dans un exposé philosophique.

Je reviens à ce qui est le sujet même de cette conférence. Et si mon exposé vous a amenés à cette conclusion que l'œuvre que nous poursuivons est une œuvre de paix et d'harmonie, que la pensée, pleinement libérée, a pour but de créer, aussi bien dans la spéculation que dans l'action, tant en nous-mêmes qu'autour de nous, une sociabilité toujours plus grande; au point de vue qui nous occupe, c'est-à-dire au point de vue de l'action sociale, quels sont les préjugés, quelles sont les institutions qui, en séparant les hommes, en les dressant fatalement les uns contre les autres comme des frères ennemis, constituent l'unique obstacle à la réalisation de l'harmonie universelle, au règne de la fraternité humaine que nous rêvons.

2.

Je dis l'unique obstacle, et ici il faut bien nous entendre. Pas plus que nous ne sommes des égalitaires, rêvant d'une humanité façonnée au même moule, où tout l'effort de la collectivité serait employé à étouffer les individualités supérieures, nous ne prétendons supprimer toutes les causes de conflits, de rivalités entre les hommes,

Nous ne sommes pas de ceux qui se vantent de réfréner les lois de la nature. Le pourrions-nous, d'ailleurs, que nous ne le voudrions pas. Ce n'est point nous qui songerions à étouffer dans le cœur humain ce merveilleux stimulant d'activité qu'est l'intérêt individuel. Mais nous voudrions substituer une émulation légitime, parmi des ouvriers collaborant à une même tâche, à des haines stupides parce qu'injustes, qui, en gaspillant dans des luttes meurtrières des forces qui pourraient être consacrées au bonheur de tous, en entretenant surtout dans le cœur des hommes des sentiments d'un autre âge, les empêchent de réaliser dans la vie sociale des progrès dignes de ceux qu'ils ont réalisés dans leur vie intellectuelle et matérielle.

Si donc, dans l'infinité des causes qui mettent les hommes aux prises les uns avec les autres, qui les font se déchirer, nous essayons de découvrir les causes fondamentales et irréductibles de celles de ces divisions et de ces haines qui tiennent à la constitution même des sociétés humaines, nous en découvrons trois que l'histoire présente comme les trois uniques causes de toutes les guerres qui ont ensanglanté le monde : les religions, les races et les classes. (*Vifs applaudissements.*)

« Ne pensez pas que je sois venu apporter la paix sur la terre; je suis venu apporter, non la paix, mais l'épée. (Évangile de Mathieu, x.) »

Mieux que son vague précepte : « Aimez-vous les uns les autres », ces paroles de Jésus pourraient être inscrites en exergue des évangiles, et non seulement des évangiles chrétiens, mais de toutes les bibles et de tous les livres saints. En elles se résume l'histoire de toutes les églises et de toutes les religions.

Mais, citoyennes et citoyens, si nous en croyons certains savants, qui ont appris du père Loriquet les règles de la saine critique historique, nous faussons l'histoire par une vue trop simpliste, nous nous laissons guider par un honteux parti pris, en accusant l'Eglise de crimes dont seule est responsable la barbarie des temps ; et nous négligeons de mettre en regard de certains actes, imputables seulement à l'incompréhension des doctrines chrétiennes, par ceux-là même qui s'en réclamaient, l'œuvre de paix, de civilisation et de progrès accomplie par l'Eglise. La destruction des temples païens nous empêche de goûter l'étrange et attirante beauté des monuments gothiques ; les massacres d'hérétiques nous cachent l'œuvre silencieuse accomplie par ces moines qui apprirent aux barbares à défricher les forêts, à cultiver le sol, ou qui, dans le calme des cloîtres, grattaient les vieux manuscrits latins et grecs, pour léguer à la postérité le souvenir des miracles innombrables accomplis par les saints. S'il y eût des Barbares qui, attirés par les richesses de nos provinces méridionales, commirent ces crimes affreux, connus sous le nom de : Guerre des Albigeois, il ne faut voir là qu'une phase de la lutte éternelle qui, à travers l'histoire, lance, contre les pays riches et civilisés, les peuplades pauvres et barbares. Et le cri des milliers de créatures humaines égorgées dans la cathédrale de Béziers à ce cri sauvage : « Tuez tout, Dieu reconnaîtra les siens ! » et la fumée qui monte des bûchers où se tordent dans les flammes les derniers défenseurs de Montségur, ne doivent pas nous cacher l'œuvre de paix accomplie par l'Eglise durant le Moyen-Age, et la trêve de Dieu, et le bras du chevalier mis au service de la veuve et de l'orphelin, et sur la montagne Sainte-Geneviève, les rues bourdonnantes d'étudiants venus de tous les coins de l'Europe auxquels l'Eglise donne le pain spirituel. Si Bossuet, vivant à la cour du grand roi, légitime l'esclavage, en ce même temps où

Mme de Sévigné parle avec tant de grâce légère et enjouée de ces vilains dont le vent balance les cadavres au fil de la potence, deux siècles plus tard Lamennais ne fera-t-il pas entendre les revendications les plus nobles, les plus passionnées en faveur de la liberté et du bonheur humain, en faveur de cette justice, dont Dieu a mis le sentiment dans le cœur de l'homme, afin de lui donner le désir de la réaliser un jour?

Et pourquoi, dès lors, ne pas avouer que les seuls coupables, ce sont les instincts féroces et sanguinaires qui sommeillent encore dans le cœur de l'homme, qui ont faussé les principes mêmes du Christ; pourquoi combattre le christianisme au lieu de nous servir dans notre œuvre de paix de ce qui, étant en lui d'essence divine, reste éternellement vrai et éternellement bon?

A ceux qui parlent ainsi, nous ferons d'abord observer que nous en voulons non seulement à la religion chrétienne sous ses-formes diverses, mais à toutes les religions, mais à la religion dans son essence même. Nous déplorons également tous les crimes commis par les fanatismes religieux, qui ne sont autre chose que les religions en pleine vitalité, parce qu'il ne peut y avoir religion là où il n'y a pas fanatisme et intolérance (*applaudissements*), s'il est vrai que la foi religieuse est la conviction intime que Dieu nous a fait dépositaires et confidents de la vérité suprême, par une grâce spéciale dont sont indignes tous ceux à qui il l'a refusée. Il ne peut donc y avoir d'équivoques là-dessus ; nous ne sommes pas des sectaires antichrétiens ; nous sommes des sectaires, si l'on tient absolument à nous donner ce titre par antiphrase, qui, en travaillant à faire l'âme humaine la plus compréhensive et la plus fraternelle possible, travaillent par là, et par là seulement, à la disparition de toute religion et de tout sectarisme.

Mais, ne trouvez-vous pas nos adversaires singulièrement imprudents de
nous rappeler ainsi que cette cause de
divisions, de haines et dé conflits sanglants qu'est la religion est permanente,
qu'elle persiste à travers les changements de mœurs et les progrès de la
civilisation. Certes, je ne me permettrai
pas de parler du *Syllabus* ; je craindrais
d'encourir les foudres de ceux qui
détiennent le sceptre de l'élégance et du
bon goût, et pour lesquels c'est un
manque de tact que d'évoquer jusqu'à
l'ombre de cette grotesque encyclique.
Aussi bien, n'ai-je pas besoin de rappeler à des républicains avertis le sin-
gulier appui qu'apporte à notre thèse
cette preuve indéniable de la haine que
doit avoir tout bon catholique pour ceux
de ses semblables qui vivent la vie et
les espoirs de leur temps, ce monument
historique, dont je dirais qu'il constitue
la plus lourde et la plus grossière maladresse commise par un représentant

officiel de l'Eglise, si tout récemment
Pie X n'avait eu à cœur de nous témoi-
gner que les lauriers de celui dont il a
pris l'esprit avec le nom l'empêchaient
de dormir. (*Rires. Bravos*) Et, en
vérité, ne croit-on pas rêver lorsqu'on
entend se produire cette apologie de la
religion, conçue comme un système de
métaphysique spiritualiste doublé d'un
code de morale humanitaire, au len-
demain des massacres de Kichinew, et
de cette honteuse expédition de Chine,
où nos soldats se sont déshonorés, non
seulement par leurs exploits dignes des
hordes d'un Tamerlan, mais par l'em-
pressement avec lequel ils se sont faits
les instruments des vengeances particu-
lières de missionnaires déçus dans leurs
tentatives de prosélytisme religieux.
Oui, aujourd'hui comme hier, en Asie
comme en Amérique, nous avons vu le
prêtre et le soudard cheminer ensemble
dans des ruisseaux de boue et de sang,
sans souci des éclaboussures impuis-

santes, à salir leurs uniformes de servitude et de crimes ! Et que la cupidité du
vainqueur s'exerçât sur les lingots d'or
du Pérou ou sur les soies de Chine, que
le chef fût Pizzare ou Voyron, les cadavres des milliers de Chinois attachés par
la natte et flottant, ô ironie ! dans les
eaux de l'Amour, de même que les In-
diens hérétiques, brûlés par milliers dans
d'immenses cages d'osier, nous attestent
à travers l'histoire que l'ère de la fraternité ne pourra naître que du jour où
auront disparu le dernier prêtre et le
dernier soldat. (*Longue acclamation.*)

Et puisqu'après avoir entassé crimes
sur crimes et cadavres sur cadavres,
sans parvenir à apaiser Jéhovah ni Sa-
baoth, on ose venir parler de la mission
de paix et d'amour que le christianisme à
son aurore avait affirmée comme sienne,
avant de devenir avec Saint Paul et
Constantin la plus formidable organisation de despotisme et de servitude, celle
qui fondait les empires, qui ne reculait

pas devant les guerres les plus sanglantes pour forcer les empereurs re-
belles à venir s'humilier à Canossa
aux pieds de la papauté triomphante,
puisqu'on a osé parler de l'œuvre civilisa-
trice de l'Eglise, levez-vous, martyrs
innombrables qui avez attesté par votre
mort qu'il ne peut y avoir de concilia-
tion possible entre la liberté de la pensée et la domination implacable des
théocraties. De vos fronts sanglants, de
vos squelettes, heurtez la terre où l'on
vous a couchés en pleine vie, en pleine
force, parce que vous aviez commis ce
crime abominable d'avoir foi en la raison, en l'effort humain ; dressez-vous
hors de vos tombes, et de la blancheur
de vos suaires éclairez l'avenir ; vous
qui, depuis Prométhée clamant sur son
rocher, dans la douleur de son agonie
éternelle, sa foi en l'Humanité, avez été
les révoltés superbes qui ne désespèrent
jamais, parce qu'ils savent que la vie a
des ressources infinies, et que dans l'in-

finité des forces que crée la nature en
sa fécondité inépuisable, il s'en trouvera toujours de nouvelles pour mener
leur œuvre à bonne fin. Cendres des
martyrs de l'Inquisition, mêlez-vous à la
brise qui passe, aux voix du soir, et
dites-nous comment l'Eglise s'y prit
pour se conformer à la loi qui lui
défendait de verser le sang! Jean Huss,
Dolet, Vanini, Servet, dites-nous comment l'Eglise, amie de la science et du
progrès, vous aida dans vos labo-
rieuses recherches, comment elle vous
défendit contre les colères de ceux qu'in-
quiétaient vos découvertes ou vos paroles courageuses ; venez former autour
de cette Eglise, qui se prétend maîtresse
des cieux, la cohorte sacrée de tous
ceux de ses enfants qui essayèrent d'en
percer l'énigme. (*Acclamations.*)

Et si certains prétendent encore, malgré les témoignages de l'histoire, que
l'existence des religions n'est pas incom-
patible avec l'établissement de la paix

parmi les hommes, nous leur répondrons
que la fraternité que nous rêvons, c'est la
fraternité vivante d'hommes libres, non
la commune soumission d'esclaves
obéissant ensemble aux mêmes dogmes.
Ce n'est point seulement dans leurs
propres cadres que les Eglises divisent
les croyants en prêtres, en privilégiés,
et en simples fidèles, substituant ainsi
les liens étroits d'une puissante hiérarchie au libre accord des consciences;
c'est autour d'elles surtout qu'elles
sèment les divisions et les haines. Certes, si une seule religion était par-
venue à conquérir le monde, nous n'en
lutterions pas moins pour le triomphe
d'une fraternité qui ne peut se réaliser
que dans et par la liberté. Mais il n'en
est rien, et, dès lors, les hommes res-
tent divisés en hérétiques et en croyants.
Or, quel est le premier devoir du croyant,
si ce n'est la haine à l'égard de celui qui
n'a pas été touché des lumières de la
foi. Celui-là, il est le raca, il est le mau-

dit, il est celui dont le contact est une souillure, parce que son corps comme son âme est la proie du démon. Et ainsi, par l'effet des religions qui, en développant le divin dans le cœur des hommes, devraient les rapprocher et les grandir dans la même cité, dans la même patrie, dans l'humanité entière, grandissent côte à côte des frères ennemis dont les divisions et les haines se poursuivent par delà les cités humaines, jusque dans les cités célestes d'où l'hérétique est banni. S'insurger contre cette dure loi qui révolte toutes les consciences nobles, c'est s'insurger contre la justice divine, contre la loi même de Dieu, dont la colère s'appesantit par delà les siècles et les siècles sur la postérité de Caïn. Il est permis aux hommes de travailler à faire tomber les barrières qui les séparent; il est possible à l'offensé de pardonner, d'ouvrir son cœur et sa maison à celui qui a rêvé sa perte. Mais il est impossible au croyant d'ouvrir à l'hérétique les portes de l'Eglise. Il est permis au savant de travailler à faire cesser des différences de culture qui rendent la vie et la pensée de son frère déshérité étrangère à sa propre vie et à sa propre pensée. Il est permis aux ennemis d'hier de se réconcilier après de loyales explications qui leur montrent l'injustice de leurs rancunes ; deux hommes d'opinions opposées sur les sujets les plus délicats peuvent parvenir à tomber d'accord après des recherches communes. C'est que toutes les barrières qui séparent les hommes, nées d'eux-mêmes, peuvent disparaître par l'effet de leur volonté. Les lois divines, au contraire, sont antérieures à l'humanité ; l'effort pour les détruire est un crime. Et, d'ailleurs, comment ces efforts pourraient-ils se produire, toute égalité ayant disparu entre ces deux hommes, l'un croyant, l'autre incroyant ; l'un possédant la vérité totale, absolue, dont l'autre est exclu ; une vérité imposée du dehors, sur laquelle l'action de l'esprit humain ne peut s'exercer. C'est cette vérité que le non croyant devra accepter, sans la discuter, telle qu'elle est tombée des lèvres de Dieu, telle qu'elle a été recueillie par les prophètes, pour être admis à parler sans blasphème à celui dont les lèvres vont recevoir tout à l'heure la chair et le sang du Seigneur. (*Applaudissements*).

L'aveu de ce fait que la religion divise les hommes irrémédiablement, nous le trouvons dans les écrits de ces nobles esprits qui essayèrent de réconcilier en un commun amour de la patrie, en une commune foi sociale, ceux que la vie appelait à partager ensemble ses joies et ses douleurs. Ecoutez ces nobles paroles d'Edgar Quinet :

« J'ai toujours prétendu que la société moderne possède un principe que, seule, elle est en état de professer, et c'est sur ce principe qu'est fondé son droit absolu d'enseignement en matière civile. Ce qui fait le fond de cette société, ce qui la rend possible, ce qui l'empêche de se décomposer, est précisément un point qui ne peut être enseigné avec la même autorité par aucun des cultes officiels. Cette société vit sur le principe de l'amour des citoyens les uns pour les autres, indépendamment de leurs croyances.

« Or, dites-moi, qui professera non seulement en paroles, mais en actions, cette doctrine qui est le pain de vie du monde moderne ? Qui enseignera au catholique la fraternité avec le juif ? Est-ce celui qui, par sa croyance même, est obligé de maudire la croyance juive ? Qui enseignera au luthérien l'amour du papiste ? Est-ce Luther ? Qui enseignera au papiste l'amour de Luther ? Est-ce le pape ? Il faut pourtant que ces trois mondes, dont la loi est de s'exécrer mutuellement, soient réunis dans une même amitié ? Qui fera ce miracle ? Qui réunira ces trois ennemis acharnés, irréconciliables. Evidemment, un principe supérieur et plus universel. Ce principe qui n'est celui d'aucune église, voilà la pierre fondamentale de l'enseignement laïque. »

C'est à nous qu'il appartient de compléter l'œuvre de nos pères ; ils ont chassé la religion de l'école, nous chasserons la religion de la cité. Disons-le hardiment : tant qu'il y aura dans notre humanité éclairée du xxᵉ siècle, à côté des esprits supérieurs, auxquels la joie de l'effort et de la création est une raison suffisante de vivre, une humanité inférieure, imbue de croyances non seulement stupides, mais socialement dangereuses, tant qu'il y aura des prêtres pour perpétuer dans le cœur des simples cette croyance qu'un homme, avant d'être homme, est catholique, juif ou musulman, que l'eau lustrale dont on lava son front l'a fait supérieur à d'autres hommes ; tant qu'il y aura des chapelles pour séparer les uns des autres les hommes que le travail, la vie commune réunissent tous les jours ; tant qu'il y aura des religions pour perpétuer entre eux des haines éternelles, il ne peut y avoir de Cité, il ne peut y avoir de Patrie, il ne peut y avoir d'Humanité. (*Vifs applaudissements.*)

Et ici que l'on nous comprenne bien. Nous ne songeons nullement à violenter les consciences, à redonner, par un semblant de martyre, quelque prestige aux représentants d'une foi qui se meurt ; nous ne réclamons pas l'autonomie de la conscience humaine pour la violenter, même dans ce qu'il y a en elle d'obscur et d'inconscient. Nous ne voulons pas enlever à la croyance même la plus puérile, même la plus sotte, même la plus dangereuse, les moyens de se manifester, par une atteinte à ce droit sacré et inviolable de la personne humaine, dont la revendication est l'âme même de notre doctrine. Si la religion est une puissance sociale redoutable, avec ses dogmes, ses cadres, sa puissante hiérarchie, elle n'en tire pas moins toute sa force d'un fait purement subjectif : de l'adhésion passionnée de l'âme humaine à l'idéal que cette religion incarne ou prétend incarner. Nous détruirons donc la religion, en détruisant dans le cœur humain les deux facteurs principaux, essentiels, du sentiment religieux : l'ignorance et la terreur. Et quant à ses éléments légitimes, quant à ce désir de survie de l'homme qui ne veut pas disparaître tout entier, qui veut trouver à sa vie un sens, une raison d'être, quant à cette soif du mystère qui fait que l'homme ne peut vivre sans une certitude nécessaire à l'action, nul ne les respecte plus que nous, et peut-être notre idéal leur fait-il une plus large place que l'idéal religieux.

Mais la religion n'est pas seulement l'obstacle principal à la création de liens étroits de fraternité entre les hommes ; elle est l'obstacle essentiel, parce qu'elle est la clef de voûte du régime de haines barbares et stupides auquel nous voulons mettre fin. C'est la religion qui se dresse en face des téntatives de la raison humaine pour saper tout ce qui n'est pas conforme à ses lois ; c'est elle qui s'oppose à tout effort pour détruire le passé ou préparer l'avenir ; c'est elle qui supprime cet effort avant même qu'il se manifeste, en tuant dans l'homme le sens critique, en lui imposant le respect superstitieux de ce qui est, parce que Dieu a voulu que ce fût ainsi, en déclarant impie et sacrilège toute attaque contre l'ordre établi, sacré, parce qu'il vient de Dieu.

Ma's la vérité a en elle une force invincible ; on peut retarder sa marche, l'arrêter, jamais. La pensée, enclose dans ces yeux que la mort a fermés, ira, par la parole ou par la plume, pénétrer d'autres cerveaux. Si nulle trace n'en subsiste, elle renaîtra, recréée par des cerveaux nouveaux. Et l'œuvre nécessaire s'accomplit, sans que nulle force au monde puisse arrêter dans sa marche l'irrésistible évolution. Impitoyable, la critique poursuit sa route sans voir les ruines dont elle jonche les chemins, sans entendre les malédictions de ceux qu'elle détruit dans sa route. Elle sait que la loi qu'elle subit porte en elle sa justification, qu à l'heure dite les formes déchues doivent céder la place aux formes à naître, elle sait que les foyers qui s'écroulent sont ceux dont la base minée ne pouvait plus supporter ce poids, et que les symboles dont l'âme humaine se retire sont ceux dont elle a extrait toutes les vérités qu'ils contenaient. (*Applaudissements.*)

Poursuivant donc notre route après avoir découvert dans les religions la première cause de haines profondes entre les hommes, nous constatons que ceux-ci sont divisés non seulement en croyants et en incroyants, en membres d'Eglises ennemies, mais aussi en citoyens de patries différentes et hostiles, en Français, en Allemands, en Chinois, tous de mœurs, de langues, quelques-uns de races différentes. Et l'histoire nous montre ces divers peuples se déchirant en des guerres sanglantes avec une telle persistance, avec une âpreté telle, que nous sommes amenés à nous demander s'il y a, à ces divisions et à ces haines, des causes profondes, irréductibles.

Certes, nul de nous ne contestera la légitimité et la noblesse de ce sentiment inné dans le cœur de l'homme qu'est le patriotisme. Il est naturel que nous aimions ceux au milieu desquels nous vivons, dont nous avons partagé les joies et les misères, qui parlent la même langue que nous, dont les idées, les mœurs, les aspirations sont conformes aux nôtres. Il est naturel que nous aimions les lieux qui nous ont vu naître, où se sont passés les années les plus heureuses de notre existence, que nous aimions le coin de terre, les êtres et les choses auxquels nous rattachent tant de chers souvenirs qui leur prêtent une sorte de vie. Le patriotisme n'est que ce sentiment élargi, étendu à une plus grande terre, à un plus grand nombre d'hommes, à ceux qui jouissent comme nous du fruit du labeur de nos pères, et que les luttes communes, qu'une commune tradition d'espérances, de souvenirs ont fait membres de cette grande

famille qu'est la patrie. Que nous soyons
Français du Nord ou du Midi, par l'histoire, nous avons vécu des souvenirs,
conçu des espérances qui peuvent
être profondément dissemblables, mais
que nous avons vécu ensemble tout de
même, que nous avons traduits dans
une langue qui nous est commune, et
qui nous rapproche les uns des autres
en nous permettant de nous comprendre
et de nous pénétrer. L'homme qui parle
la même langue que moi, me livre, qu'il
le veuille ou non, un peu de lui, de ses
pensées, de ses sentiments, de ce qui est
son moi le plus intime, et de ce seul fait,
il me devient sympathique, il entre dans
mon existence, dans le cercle que mon
souvenir et ma pensée embrassent. De
l'homme, au contraire, qui ne parle pas
ma langue, je ne sais rien ; il est pour
moi comme une énigme vivante. Deux
frères peuvent ne point s'aimer ; s'ils
vivent dans le même foyer, ils n'en auront pas moins des pensées communes,

ils s'intéresseront à l'avenir de la famille de quelque manière qu'ils le conçoivent. Il y a entre le Méridional socialiste et le Breton catholique ce fait initial qui les rapproche : c'est qu'ils vivent sous les mêmes lois, c'est que tout ce qui se passe en France a une répercussion sur leur vie propre ; par là, ils cessent d'être étrangers l'un à l'autre, et alors même que leurs intérêts s'opposent, que leurs passions se heurtent violemment, il y a de ce fait entre eux quelque chose de commun. (*Approbation.*)

Nul de nous donc ne songe à contester la légitimité de ce sentiment naturel, très doux au cœur, qu'est le patriotisme. Mais, de ce fait qu'il y a entre les habitants d'un même pays des affinités indéniables, s'en suit-il qu'ils doivent haïr les habitants des autres pays ? Et lorsqu'on aime, est-on forcé d'aimer contre quelqu'un ? Si mon tempérament de latin, à l'imagination ardente, à la nature primesautière, me fait rechercher de préférence la compagnie de méridionaux bruyants, mais sincères, se livrant, dès l'abord, dans une poignée de main, s'en suit-il que je doive détester le Français du Nord, froid, méthodique, aux yeux duquel ma pétulance constitue une sorte d'infériorité? Pourquoi, de même, devrais-je détester un anglais, un allemand, un slave? Si nos langages différents nous empêchent de nous comprendre, peut-être n'en avons-nous pas moins mêmes pensées et mêmes sentiments! Pourquoi donc les haïrais-je, et cette haine n'est-elle pas un sentiment factice, antinaturel, produit d'une civilisation détestable? Il suffira que, par suite d'un fait quelconque, je cesse de me rappeler que je suis un français, pour me souvenir seulement que je suis un homme, qu'à ce titre rien de ce qui est humain ne peut me rester étranger, et en présence d'un homme qui souffre, qui tombe, mourant de faim, ou blessé par suite de quelque accident, je me porterai à son secours sans me demander si cet homme est allemand, anglais ou slave. La solidarité de la race humaine, née, depuis le début des siècles, de la lutte contre les forces hostiles de la Nature, se manifeste aussitôt, et il apparaît que ce sentiment a des racines plus profondes en l'homme, que la haine qu'on a pu lui inspirer contre telle ou telle partie du genre humain. (*Vifs applaudissements.*)

D'où viennent donc ces guerres qui font se déchirer les hommes depuis que l'humanité existe? Certes, l'antagonisme des intérêts pourrait en être la cause, ou l'amour de la guerre, le désir de verser le sang. Et je ne nie pas qu'autrefois il n'en ait été ainsi. Mais aiment-ils la guerre, sont-ils prêts à sacrifier leur vie pour connaître la joie féroce de tuer, ces hommes qui aiment la vie d'un amour désespéré, qui s'y cramponnent de toutes leurs forces, et qui, pour vivre, acceptent souvent une existence au prix de laquelle beaucoup d'entre nous aimeraient mieux le grand repos du néant? Aiment-ils la guerre, ces braves gens, ces paysans, ces ouvriers qui, d'un côté ou de l'autre du Rhin ou de la Manche, demandent seulement à assurer, par leur travail, leur vie et celle de leur famille? Quelles haines peuvent éprouver les uns pour les autres ces sacrifiés de la vie, pour lesquels la patrie n'existe pas si on la définit, comme dans l'antiquité, la terre des morts, qui ne sauraient combattre pour la défense du foyer, puisqu'ils n'ont pas même de foyer, puisque la cupidité de la féodalité capitaliste a détruit pour eux jusqu'à la possibilité de la vie domestique. (*Vifs applaudissements.*)

Et de tout temps, n'en a-t-il pas été ainsi? Quels intérêts avaient à s'entr'égorger les malheureux serfs du moyen-âge, les vilains de l'ancien régime, taillables et corvéables à merci, et où trouver, dans l'histoire, de guerres nationales, de guerres légitimes, si ce n'est celles où un peuple d'hommes libres luttait pour la défense de sa liberté contre la soldatesque des tyrans. Et, certes, elle fut non seulement légitime, mais admirable, cette résistance désespérée du petit peuple athénien contre l'armée innombrable des esclaves de Xerxès, elle fut non seulement légitime, mais admirable, la résistance désespérée de nos volontaires de 92, luttant pour leur liberté, luttant pour le triomphe de la Révolution qui venait de les tirer de la nuit de la servitude, de les appeler à la claire conscience de leurs droits, contre les tyrans de l'Europe coalisée ; et elle fut admirable, même et surtout dans sa défaite, notre jeune république, lorsqu'à la voix de Gambetta, elle se leva pour chasser du sol national envahi les armées de Bismark ? (*Applaudissements prolongés.*)

Mais ces exemples même ne nous mon

trent-ils pas clairement quelle a toujours été la cause de la guerre, de la guerre sacrilège, de la guerre impie, qui éteint dans l'homme tout sentiment proprement humain, pour faire de lui un instrument inconscient de meurtre ou de crime? Ce sont les caprices des gouvernants, persuadés qu'ils avaient le droit de disposer, sans compter, des vies humaines, pour l'accroissement de leur puissance ou de leurs richesses, comme le cultivateur dispose de ses denrées ou de ses troupeaux. Jusqu'à ce siècle, c'est aux caprices, aux colères, aux rêves mégalomaniques des princes, aux formules diplomatiques, que des millions et des millions d'êtres humains ont été immolés. De nos jours, c'est afin d'assurer aux grands industriels des débouchés pour leurs produits, dont les magasins regorgent à côté des ouvriers mourant de faim, c'est afin de trouver un dérivatif aux colères populaires, que les guerres les plus terribles sont décla-

rées : « Je veux que mon fils règne »,
dit l'Impératrice. — « L'Allemagne
ne peut prendre conscience de son
unité, et subir le joug de la Prusse,
qu'au moyen d'une guerre victorieuse
contre la France », dit Bismark. —
Et un million de vies humaines sacrifiées, la vie de deux nations at-
teintes dans leurs sources les plus profondes, la ruine de l'Europe préparée à
brève échéance par le régime de la paix
armée, attestent, près de cent ans après
la Révolution française, l'inconscience
criminelle de ces fléaux de l'Humanité,
et celle des foules, dont la soumission
aveugle fait leur force. (*Acclamations.*)

Car il dépendait de ceux que l'on en-
voyait ainsi à la mort de briser sur le dos
de leurs maîtres les bois de l'échafaud.
Il eût suffi qu'ils se rendissent compte
qu'ils n'avaient aucun motif de se haïr
ni de s'entr'égorger, que mêmes étaient
leurs intérêts, mêmes leurs ennemis, que
les uns comme les autres désiraient une

seule chose : la paix, et la possibilité par
cette paix de vivre de ce qui était leur
seule richesse, leur seul moyen d'existence : le travail de leurs bras. Mais la
même chose qui les courbait devant le
prêtre, les faisait se précipiter joyeuse-
ment au-devant de la mort, acclamer
la guerre infâme : c'étaient les préjugés
stupides, les haines grossières dans lesquels ils avaient grandi. Une éducation
de mensonge avait soigneusement entre-
tenu en eux, en même temps que la terreur divine, et l'obéissance aux puis-
sants de ce monde, la haine de tous ceux
que la souffrance faisait leurs frères.

On leur avait appris de l'histoire, seulement ce qui était propre à nourrir
et exciter ces haines. On leur avait narré
sous les plus sombres couleurs les
crimes commis par les soldats étrangers
durant les guerres antérieures; on ne
leur avait point dit que c'est la guerre
seule qui déchaîne ces instincts, que les
vieux grognards de Napoléon valaient

les incendiaires de Bazeilles et de Châteaudun. Et de bonne foi, ceux qui allaient mourir pour consolider une dynastie chancelante ou faire un empereur, étaient persuadés qu'ils allaient défendre la patrie contre une agression de brigands.

C'est cette inconscience des masses qui a permis que s'éternisât jusque dans l'humanité du XXe siècle ce legs d'un passé de barbarie. Ces haines, qu'une éducation de mensonge a fait naître, l'éducation de vérité les dissipera. Et ces mêmes foules qui, hier, se ruaient aux frontières pour donner ou recevoir la mort, salueront demain de leurs clameurs d'allégresse la naissance de la plus grande patrie, de la Fédération des Peuples en qui se réconcilieront toutes les fractions d'Humanité, et qui naîtra du jour où, dans la vie des sociétés, la cupidité des dirigeants disparaîtra devant le légitime souci des intérêts de tous. *(Applaudissements prolongés).*

Cette cupidité, ce désir d'un accroissement de puissance ou de richesses, cause
profonde de toutes les guerres, est aussi
la cause de ce troisième motif de haines
entre les hommes, qu'est la division des
sociétés en classes antagonistes et ennemies.

Le fait qui frappe avant tout autre
l'observateur impartial de la société
contemporaine est l'extrême inégalité de
fortune de ceux qui la composent.
Certes, cette inégalité n'a en elle-même
rien de surprenant; il est naturel que
l'inégalité d'intelligence, de valeur, de
volonté entre les hommes, la façon si
différente dont leur sont départies les
qualités les plus nécessaires, trouve sa
traduction dans leur vie même, et par
conséquent dans la vie économique de

chaque nation. Il est naturel que tel homme plus instruit, plus actif, plus économe que tel autre, jouisse d'une aisance plus grande. Deux hommes exercent la même industrie; l'intelligence supérieure de l'un d'entre eux peut l'amener à une découverte qui accroîtra la production en en réduisant les frais, et qui lui permettra de s'enrichir, dans cette même crise où succombera son concurrent. Rien de plus naturel, rien de plus juste, s'il est vrai que la justice n'a rien de commun avec une égalité chimérique, conventionnelle, si elle tient tout entière dans cette formule : « *A chacun selon ses œuvres* ».

Mais une observation plus exacte nous amène à constater que la formation de certaines fortunes, de toutes les grandes fortunes, ne peut se ramener à ce seul facteur : la valeur supérieure d'un seul individu. L'intelligence, l'activité merveilleuse, le sens pratique d'un Carnégie peuvent expliquer qu'il se soit élevé au-dessus de ses contemporains; son seul mérite est impuissant à expliquer la formation de son immense fortune. Il nous faut reconnaître que cette fortune est l'œuvre de milliers et de milliers de travailleurs qui n'ont pas reçu de leur travail une somme égale à sa valeur réelle, que cette spoliation partielle, répétée chaque jour sur une échelle gigantesque, est la raison même de cette fortune, devant laquelle s'inclinent toutes les puissances, et qui, pour être respectée, n'en est pas moins le produit d'un vol. (*Vifs applaudissements*).

Jetant les yeux autour de nous, nous verrons notre raison justifier ce sentiment instinctif, qui nous faisait trouver scandaleuses ces grandes fortunes, dont le luxe princier coudoie et éclabousse la misère, de ceux qui en sont les vrais artisans. Et, à la lumière de cette constatation, nous comprendrons la cause de ces haines profondes qui existent entre membres d'une même patrie, d'une même cité. Nous serons forcés de voir une manifestation de l'esprit de justice dans ce que nous aurions été peut-être tentés d'appeler : jalousie et envie. Nous devrons reconnaître que ces haines ne disparaîtront seulement, par la traduction de cet esprit de justice dans le domaine économique, par la disparition d'une société divisée en classes, c'est-à-dire fondée sur l'exploitation du monde immense du travail par une oligarchie de possédants. (*Applaudissements*).

A côté des guerres religieuses, en effet, des guerres entre peuples différents, l'histoire nous apprend que, durant tout le cours des siècles, des guerres plus cruelles, plus sauvages encore ont ensanglanté l'humanité, mettant aux prises, cette fois, non point des hommes inconnus les uns aux autres, luttant pour des abstractions ou des chimères, pour des intérêts totalement étrangers à leur existence, mais des hommes vivant sans cesse en contact les

uns avec les autres, que cette vie commune eût dû rapprocher fraternellement,
si l'organisation même de la société ne
les avait forcés à se détester, à se haïr,
à trouver chaque jour, dans cette vie
même, des raisons plus profondes de
haine.

Que ce soient les patriciens de Rome,
avouant lâchement leur impuissance et
leurs terreurs par l'assassinat des Grac-
ques, ou par la férocité avec laquelle ils
déciment les esclaves soulevés à la voix
de Spartacus ; que ce soient les cheva-
liers marquant au fer rouge les Jacques
las de souffrir ; que ce soit la bourgeoi-
sie de toutes les époques faisant massa-
crer ceux qui veulent « vivre libres
en travaillant ou mourir en combattant » ; que le régime économique sur
lequel repose les sociétés s'appelle :
esclavage, servage ou salariat ; que le
régime politique vienne renforcer ou
rendre plus intolérable, plus scandaleux
encore, le despotisme économique ; par-

tout, durant tous les siècles, l'histoire nous montre les sociétés humaines irrémédiablement divisées, en deux classes : d'un côté, quelques oligarchies auxquelles sont réservées la liberté, la puissance, la richesse, toutes les joies de la pleine humanité; et, de l'autre, l'immense multitude des déshérités, de ceux que la nature appelait à la vie d'hommes, dont la société a fait des esclaves, des machines, des sujets, qui sont exclus de toutes les joies humaines et auxquels le jour qui se lève, avec un travail devenu plus lourd à mesure que les forces déclinent, apporte comme seule compensation un accroissement de haine, un désir toujours plus grand de vengeance contre ceux qui font de leur vie un long martyre. (*Acclamations prolongées.*)

De là, le caractère sauvage, implacable de ces guerres, où, avec toute la cupidité, toute la bassesse des classes dirigeantes, seules responsables de ces carnages, incapables de renoncer, si ce n'est sous la terreur, à ceux de leurs privilèges dont leur propre conscience a reconnu l'iniquité, manifeste toute l'immensité du désespoir de ceux qui, dans un moment de folie bien semblable à un moment de sagesse, renoncent à une vie presque animale, où sombre tous les jours leur dignité d'hommes, pour une mort héroïque, féconde, à laquelle leurs enfants devront, peut-être, un peu de liberté et de bonheur.

Et ainsi apparaît une fois de plus toute l'inconscience de ceux qui nous reprochent d'avoir détruit la paix dans le cœur humain et dans les sociétés, parce que, confiants dans l'avenir pour réaliser par dessus la paix menteuse d'aujourd'hui l'harmonie profonde de demain, nous avons voulu que rien n'arrêtât la vérité dans sa marche, qu'elle pût poursuivre son œuvre de défrichement, d'assainissement à travers les forêts, à travers les marécages, sur le sol tremblant desquels l'Humanité crut pouvoir un moment élever des cités. L'histoire est là pour le prouver, et la lumière d'hier éclaire l'avenir. Il ne peut y avoir de paix pour l'homme dans l'ignorance, dans la servitude, dans le respect superstitieux du passé. La fraternité humaine ne pourra être réalisée que par la Lumière et la Justice. (*Applaudissements prolongés. Acclamations.*)

Lorsque donc nous nous élevons contre la constitution actuelle de notre société, divisée en deux classes dont chacune absorbera prochainement tous ceux qu'elles n'englobent pas encore : *d'un côté ceux qui travaillent sans posséder, de l'autre ceux qui possèdent sans travailler*, nous ne songeons pas à exaspérer les haines qui résultent fatalement de cette constitution de la société, mais, au contraire, à faire disparaître ces haines elles-mêmes en en supprimant la cause. De même que les découvertes du xvie siècle ont amené la disparition du régime féodal, de même que la Révo-

·lution, en abolissant les ordres et les corporations; a supprimé les cadres politiques et économiques désormais trop étroits de l'ancien régime, nous ferons disparaître le malaise économique et moral où nous nous débattons, par la suppression des classes, par la disparition de modes de production incapables de comprendre dans leurs cadres trop étroits les multitudes immenses que la démocratie a appelées à la vie politique. Nous substituerons à la société actuelle divisée en classes, entre lesquelles règne le mépris et la haine, en exploiteurs et en exploités, en patrons et en salariés, en capitalistes et en prolétaires, une société nouvelle, où les moyens de travail et de production étant la propriété, non plus de quelques-uns, mais de la collectivité tout entière, il n'y aura plus exploitation de l'homme par l'homme, mais coopération d'hommes de valeur différente, ayant sur la richesse née de leur travail des droits propor-

tionnels à ce travail et à cette valeur.
De plus, nul homme n'ayant plus le
droit de vivre sans travailler, grâce au
prélèvement opéré sur le travail d'autrui, la disparition des intermédiaires,
des parasites, en faisant de tout homme
une force productrice, une cellule active
dans l'organisme social, multipliera les
richesses à répartir entre les hommes;
et l'extrême pauvreté, la misère du plus
grand nombre, ne seront plus la rançon
nécessaire de la joie et du bonheur de
quelques-uns. Dans la société humaine,
la loi de solidarité l'emportera enfin sur
celle de la lutte pour la vie. Il n'y aura
plus de patron pour voir dans tout ou-
vrier un ennemi qui en veut à sa fortune, à ses privilèges, dans tout patron
un concurrent qui prépare sa ruine. La
diminution de salaire des travailleurs
n'apparaîtra pas comme une condition
nécessaire pour réaliser de gros bénéfices dans une entreprise. Au lieu de se
contredire, les efforts se combineront;

chaque homme, en cherchant à aug-
menter sa fortune par son travail, aug-
mentera par là même les bénéfices de
tous, et plus les bénéfices de tous seront
élevés, plus élevée sera la part répartie
à chacun. Ainsi, de la nuit de l'ignorance
et de la haine où, depuis des siècles,
l'avait plongée la cupidité égoïste des
possédants, peu à peu la multitude immense des travailleurs s'élèvera à la
lumière de la vie ; peu à peu naîtra en
elle le sentiment de la dignité humaine, à mesure qu'elle participera davantage aux joies de l'humanité. Et les
fatalités aveugles qui faisaient se heurter
les hommes ayant disparu, avec elle disparaîtront les haines et les passions bru-
tales qui rendaient l'homme semblable à
la bête, et qui céderont la place dans son
cœur au sentiment chaque jour plus
puissant de la fraternité humaine. Ainsi
l'homme nouveau et la foi nouvelle
seront nés de la nouvelle Humanité.
(*Longs applaudissements.*)

Sous quelle forme se réalisera l'unité humaine ; selon quelles proportions le sentiment religieux, en ce qu'il a de légitime, se combinera-t-il avec l'esprit rationnel et scientifique de l'humanité de demain ; les nations actuelles subsisteront-elles en qualité d'Etats autonomes ou de divisions administratives dans la Fédération des Peuples ; à laquelle des solutions préconisées par les diverses écoles socialistes l'avenir donnera-t-il raison ? C'est ce que nous n'essayerons pas de rechercher ensemble ce soir, car nous savons tout ce qu'il entre de chimère et d'intrépidité naïve dans les plans de nos constructeurs de cités. Mais ce qu'il nous est permis d'affirmer, c'est que l'harmonie que nous rêvons ne pourra naître que du jour où sera réalisé, dans le triple domaine intellectuel, politique et économique, le grand principe de l'autonomie, de l'inviolabilité de la personne humaine. C'est de la violation de ce droit sacré de la personne humaine que sont nées les haines que je viens de dénoncer, et qui ne disparaîtront que le jour où sera respecté tant, en lui-même que dans toutes les conséquences qu'il implique, le grand principe, duquel découle toute notre doctrine : « Agis de telle sorte que tu traites l'humanité en toi-même et en autrui comme une fin, jamais comme un moyen ».

C'est sur la violation permanente du droit sacré de la personne humaine qu'est fondée la religion. C'est parce qu'elle considère l'homme comme incapable de se guider par lui-même, d'atteindre à la vérité par ses seules lumières, que la religion s'arroge le droit de le considérer comme un sujet, non comme un être conscient, d'exiger de lui une obéissance passive, à des commandements, à des dogmes émanés d'une autorité qu'il n'a pas le droit de discuter. C'est parce qu'elle ne reconnaît pas ce droit de l'homme à se gouverner lui-même qu'elle prétend régir la vie morale et sociale de l'Humanité.

C'est aussi sur la violation permanente du droit sacré de la personne humaine qu'est fondé le militarisme. Le militarisme est avant tout, en effet, le culte de la force, seule et unique loi contre laquelle il serait vain d'en appeler à la conscience universelle ou à la Justice immanente. En affirmant le caractère sacré et éternel de la guerre, il affirme la bestialité, la sauvagerie innée de l'homme, son impuissance à s'élever jusqu'à une conception rationnelle et humaine de la vie et de la société.

C'est enfin sur la violation du droit

sacré de la personne humaine qu'est fondée la division de la société en classes, en castes inégales, sur cette affirmation qu'il existe des hommes supérieurs, au développement desquels doivent être sacrifiées d'autres existences, et que dans les cités humaines, comme dans les cités divines, il y a des élus et des damnés. (*Vifs applaudissements.*)

Et c'est ainsi, citoyennes et citoyens, que je répondrai, en terminant, à ceux qui pourraient nous accuser de hardiesse excessive ou de chimères dans nos plans de rénovation sociale. Nous sommes purement et simplement les fils respectueux de la Révolution ; nous n'avons d'autre ambition que de poursuivre l'œuvre magnifique entreprise par nos ancêtres de 89, de tirer des principes dont ils se réclamèrent, sur lesquels est fondée notre troisième République, leurs conséquences logiques. (*Bravos. Applaudissements prolongés.*)

En proclamant les droits de l'homme,

le droit de l'homme, la Révolution n'a pas seulement détruit l'ancien régime, elle a légiféré pour l'avenir, elle a annulé d'avance l'œuvre de réaction de tout ce siècle, en la déclarant contraire au droit ; elle a proclamé la disparition prochaine des religions, des frontières et des classes. (*Vifs applaudissements*).

Et ainsi, mieux qu'en considérant l'humanité actuelle, si semblable à bien des égards à l'humanité d'hier, où nous retrouvons toutes les iniquités dénoncées par nos ancêtres, où les classes ont succédé aux ordres, où les hommes sont, aujourd'hui comme hier, la proie de la superstition et le jouet docile des combinaisons diplomatiques ou des caprices des gouvernants; c'est en considérant l'œuvre de la Révolution française dans son avenir, c'est en évoquant par la pensée les temps où les hommes ne connaîtront plus ni la terreur qui diminue, ni l'injustice qui aigrit, ni la haine qui dégrade; c'est en comparant au serf courbé sur sa glèbe, au salarié exploité dans le bagne industriel, l'homme libre et fraternel de demain, que nous pouvons comprendre toute la vérité des paroles de Gœthe au soir de la bataille de Valmy : « De ce jour, de ce lieu, date une ère nouvelle de l'histoire du monde. » (*Longues acclamations.*)

Camarades, et c'est aux jeunes que je m'adresse, à ceux qui adhèrent entièrement à la doctrine que je viens d'esquisser à grands traits, qui combattent avec nous pour la libération définitive de l'homme, pour la fin de tous les esclavages et de toutes les servitudes : Camarades, nous n'avons pas vécu ces temps héroïques, où, sous l'influence des grands espoirs qui faisaient battre leurs cœurs, les hommes les plus humbles atteignaient naturellement aux sacrifices les plus sublimes.

Mais nous savons que chaque époque a sa mission historique à remplir, et nous croyons que l'œuvre réservée à nos

jeunes énergies est assez grande, assez
noble pour susciter et pour justifier tous
les dévouements, tous les sacrifices.
Peut-être même sera-t-elle plus belle,
plus féconde que celle qu'accomplirent
les inconscients ouvriers de cette Révolution formidable.

Nous avons appris de l'histoire qu'on
ne crée rien de durable par la terreur,
et que tous les crimes sont également
détestables, ceux surtout commis par
raison d'Etat. C'est de l'adhésion volon-
taire des foules enfin éclairées que nous
attendons le triomphe de nos idées; c'est
avec ce qu'il y a de meilleur, de plus
généreux en nous que nous travaillerons
à la réalisation de notre idéal de liberté,
de justice et de fraternité humaine. A la
lumière de la science, à la chaleur de
l'amour, les esprits et les cœurs s'ouvri-
ront qui étaient fermés naguère; et c'est
d'une acclamation unanime que l'humanité accueillera, lorsque notre œuvre
sera faite, la pâle clarté de l'aurore qui

ira dire, par le monde, que les temps nouveaux sont révolus. (*Bravos. Longues acclamations. Triple salve d'applaudissements*).

FÉDÉRATION
DES JEUNESSES LAÏQUES

Président : **Anatole FRANCE**

APPEL

L'œuvre d'émancipation, d'éducation sociale que poursuit la *Jeunesse laïque* est aujourd'hui connue de tous. Son but, son action ont été nettement définis par les *Congrès des Jeunesses laïques*, dont le deuxième, qui vient de se tenir à Paris, a eu le plus légitime retentissement dans la France républicaine.

Son généreux idéal tient tout entier dans cette formule : *Réalisation la plus large et la plus harmonieuse possible de la personnalité humaine.*

Il implique en conséquence : la lutte, la lutte implacable, la lutte sans merci contre tous les dogmatismes, contre toutes les servitudes : intellectuelles, économiques, contre toutes les formes de réaction morale ou sociale.

Nous combattons les religions parce qu'elles éternisent dans le cœur de l'homme des croyances et des haines absurdes; parce que leurs dogmes sont le principal obstacle que rencontre la raison humaine dans son libre essor, dans son ascension vers des vérités toujours plus larges; parce que leur morale, morale d'égoïsme, morale de haine, est une insulte continuelle au sentiment de fraternité qui croît chaque jour dans les consciences; parce que l'esprit de fatalisme, la résignation qui souffle de leurs préceptes endort depuis des siècles les efforts de la partie la plus vivante de l'Humanité.

Nous combattons le militarisme, parce que nous ne pouvons admettre cette atteinte permanente à la dignité de la personne humaine qu'est le dogme de l'obéissance passive; parce que nous croyons que l'Humanité n'a pas sa fin en elle-même, qu'elle ne pourra remplir sa mission qu'en renonçant à des haines et des divisions absurdes, legs d'un passé d'ignorance et de barbarie; parce que la paix entre les peuples est nécessaire à la réalisation de la justice entre les hommes

Nous combattons enfin notre inique organisation sociale, parce que, jeunes, nous sommes épris de liberté, de vérité, de fraternité, et parce que notre société est bâtie sur la servitude, sur le mensonge, sur la haine. Ses préjugés sont, comme la morale religieuse, une insulte continuelle à notre raison, à notre cœur. Ses lois sont la consécration des privilèges d'une classe. Ses codes éternisent dans notre monde moderne la vieille conception de la société antique, du conquérant campé, en armes, sur le sol que fertilise le travail de ses esclaves. Les souffrances du plus grand nombre y sont la condition nécessaire de la joie de quelques-uns. Nous ne voulons point d'une société fondée sur le privilège, sur l'écrasement du faible, sur la domination de fantoches, de parasites et d'ambitieux qui doivent leur force à l'inconscience des masses.

Et notre idéal n'est pas un idéal de pure négation. Notre action doit et veutêtre, en même temps que critique et combative, organique, constructive.

Nous voulons l'homme libre, de pensée libre, de conscience libérée, confiant en lui-même, en sa raison, en sa volonté, pour maîtriser, pour diriger, en se conformant aux lois de la Nature, l'évolution qui l'emporte vers le mystérieux avenir.

Nous voulons l'homme fraternel à l'homme, heureux des joies de son frère et souffrant de sa douleur. De l'utopie d'hier, nous voulons faire la réalité de demain; que d'un bout à l'autre, prenne conscience d'elle-même chaque partie de ce grand tout : l'Humanité; que désormais, au lieu de se neutraliser, de se détruire, convergent les efforts de tous les hommes vers la réalisation de notre radieux idéal d'Harmonie universelle.

Nous voulons enfin l'homme fraternel et libre dans la libre et fraternelle cité. Plus de maîtres et d'esclaves; plus d'exploités et d'exploiteurs ; et qu'avec les peuples hostiles disparaissent les classes ennemies. Que partout, dans les relations de peuple à peuple, de ville à ville, d'homme à homme, au vieux principe d'autorité, créateur de haines et de mensonges, se substitue le libre accord, la fraternelle entente d'êtres conscients, réunissant leurs divergences d'idées, de sentiments, d'opinions, dans une large aspiration vers le mieux-être, dans une volonté commune de se donner tout entier à l'idéal qui nous grandit.

Venez à nous, quel que soit votre âge, quel que soit votre sexe, vous tous qui vous sentez

les fils des révoltés d'hier , vous tous qui, le
jour où s'est évanoui à vos yeux le rêve chimérique de la vie supra-terrestre, avez compris
que le devoir de l'homme était de réaliser en
notre monde l'idéal de Justice que porte éternellement en elle notre triste Humanité, vous
qui avez connu les joies sereines de la pensée,
l'ivresse de la recherche et les joies fortes de
l'action, vous tous qui, à un jour de votre vie,
avez senti monter à vos lèvres cette amertume
que laissent après eux les plaisirs vulgaires, et
qui avez rêvé de ne point passer sur la terre
sans y laisser la marque profonde de votre labeur, de vos efforts.

Pour la Commission exécutive :

Le Délégué,

GEORGES BÉRET.

LIRE ET RÉPANDRE

Les ANNALES

de la

Jeunesse Laïque

Revue Mensuelle

Directeur : Georges BERET

~~~~~~~~~~~

ABONNEMENTS

France................ 6 fr.
Etranger............... 5 fr.

ABONNEMENTS RÉDUITS DE PROPAGANDE

France................ 3 fr.
Etranger............... 4 fr.

Secrétaire de la Rédaction : Henri MIREL

BUREAUX : 7, rue de l'Eperon, Paris VI⁶
~~~~~~~~~~~

Œuvres du Comte Camille de Renesse

Le Comte Camille de **RENESSE** s'est placé au premier rang des écrivains de talent qui se sont consacrés à la propagande rationaliste. Ses ouvrages ont une place tout indiquée dans les bibliothèques de tous les militants de la libre-pensée. Nous tenons à la disposition de nos lecteurs :

Deux mois en Yacht.

Voyage aux Côtes du Portugal, de l'Espagne et du Maroc. Dans nos bureaux............ 2 fr.

Par la poste.................... 2 50

Les Théories du Chevalier de Narjac.

Dans nos bureaux................ 1 fr. 50

Par la poste.................... 2

Histoires d'Amour.

Dans nos bureaux.............. 2 fr.

Par la poste.................... 2 50

Jésus-Christ.

Brochure de propagande...................... 0 50

Nos bons Confesseurs.

Une brochure................................ 0 15

Le Magistère infaillible des Eglises   0 25

Les six volumes, par la poste.... 6 fr.

Poligny, Imp. A. Jacquin.

www.ingramcontent.com/pod-product-compliance
Ingram Content Group UK Ltd.
Pitfield, Milton Keynes, MK11 3LW, UK
UKHW020924140726
13695UKWH00003B/958